TRANZLATY

La Langue est pour tout le Monde

Språk är till för alla

La Belle et la Bête

Skönheten och Odjuret

Gabrielle-Suzanne Barbot de Villeneuve

Français / Svenska

Copyright © 2025 Tranzlaty
All rights reserved
Published by Tranzlaty
ISBN: 978-1-80572-063-8
Original text by Gabrielle-Suzanne Barbot de Villeneuve
La Belle et la Bête
First published in French in 1740
Taken from The Blue Fairy Book (Andrew Lang)
Illustration by Walter Crane
www.tranzlaty.com

Il était une fois un riche marchand
Det fanns en gång en rik köpman
ce riche marchand avait six enfants
denna rike köpman hade sex barn
il avait trois fils et trois filles
han hade tre söner och tre döttrar
il n'a épargné aucun coût pour leur éducation
han sparade ingen kostnad för deras utbildning
parce qu'il était un homme sensé
eftersom han var en förståndig man
mais il a donné à ses enfants de nombreux serviteurs
men han gav sina barn många tjänare
ses filles étaient extrêmement jolies
hans döttrar var extremt vackra
et sa plus jeune fille était particulièrement jolie
och hans yngsta dotter var särskilt vacker
Déjà enfant, sa beauté était admirée
redan som barn beundrades hennes skönhet
et les gens l'appelaient à cause de sa beauté
och folket kallade henne för hennes skönhet
sa beauté ne s'est pas estompée avec l'âge
hennes skönhet bleknade inte när hon blev äldre
alors les gens ont continué à l'appeler par sa beauté
så folket fortsatte att kalla henne för hennes skönhet
cela a rendu ses sœurs très jalouses
detta gjorde hennes systrar mycket avundsjuka
les deux filles aînées avaient beaucoup de fierté
de två äldsta döttrarna hade en stor portion stolthet
leur richesse était la source de leur fierté
deras rikedom var källan till deras stolthet
et ils n'ont pas caché leur fierté non plus
och de dolde inte heller sin stolthet
ils n'ont pas rendu visite aux filles d'autres marchands
de besökte inte andra köpmäns döttrar
parce qu'ils ne rencontrent que l'aristocratie
eftersom de bara möter aristokratin

ils sortaient tous les jours pour faire la fête
de gick ut varje dag på fester
bals, pièces de théâtre, concerts, etc.
baler, pjäser, konserter och så vidare
et ils se moquèrent de leur plus jeune sœur
och de skrattade åt sin yngsta syster
parce qu'elle passait la plupart de son temps à lire
eftersom hon tillbringade större delen av sin tid med att läsa
il était bien connu qu'ils étaient riches
det var välkänt att de var rika
alors plusieurs marchands éminents ont demandé leur main
så bad flera framstående köpmän om sin hand
mais ils ont dit qu'ils n'allaient pas se marier
men de sa att de inte skulle gifta sig
mais ils étaient prêts à faire quelques exceptions
men de var beredda att göra några undantag
« Peut-être que je pourrais épouser un duc »
"Jag skulle kanske gifta mig med en hertig"
« Je suppose que je pourrais épouser un comte »
"Jag antar att jag skulle kunna gifta mig med en Earl"
Belle a remercié très civilement ceux qui lui ont proposé
skönhet tackade mycket hövligt de som friade till henne
elle leur a dit qu'elle était encore trop jeune pour se marier
hon sa till dem att hon fortfarande var för ung för att gifta sig
elle voulait rester quelques années de plus avec son père
hon ville stanna några år till hos sin pappa
Tout d'un coup, le marchand a perdu sa fortune
På en gång förlorade köpmannen sin förmögenhet
il a tout perdu sauf une petite maison de campagne
han förlorade allt förutom ett litet hus på landet
et il dit à ses enfants, les larmes aux yeux :
och han sa till sina barn med tårar i ögonen:
« il faut aller à la campagne »
"vi måste gå på landsbygden"
« et nous devons travailler pour gagner notre vie »
"och vi måste arbeta för vårt liv"

les deux filles aînées ne voulaient pas quitter la ville
de två äldsta döttrarna ville inte lämna staden
ils avaient plusieurs amants dans la ville
de hade flera älskare i staden
et ils étaient sûrs que l'un de leurs amants les épouserait
och de var säkra på att en av deras älskare skulle gifta sig med dem
ils pensaient que leurs amants les épouseraient même sans fortune
de trodde att deras älskare skulle gifta sig med dem även utan förmögenhet
mais les bonnes dames se sont trompées
men de goda damerna hade fel
leurs amants les ont abandonnés très vite
deras älskare övergav dem mycket snabbt
parce qu'ils n'avaient plus de fortune
eftersom de inte hade några förmögenheter längre
cela a montré qu'ils n'étaient pas vraiment appréciés
detta visade att de faktiskt inte var omtyckta
tout le monde a dit qu'ils ne méritaient pas d'être plaints
alla sa att de inte förtjänar att få synd
« Nous sommes heureux de voir leur fierté humiliée »
"vi är glada att se deras stolthet ödmjukad"
« Qu'ils soient fiers de traire les vaches »
"låt dem vara stolta över att mjölka kor"
mais ils étaient préoccupés par Belle
men de var måna om skönhet
elle était une créature si douce
hon var en så söt varelse
elle parlait si gentiment aux pauvres
hon talade så vänligt till fattiga människor
et elle était d'une nature si innocente
och hon var av en sådan oskyldig natur
Plusieurs messieurs l'auraient épousée
Flera herrar skulle ha gift sig med henne
ils l'auraient épousée même si elle était pauvre

de skulle ha gift sig med henne trots att hon var fattig
mais elle leur a dit qu'elle ne pouvait pas les épouser
men hon sa till dem att hon inte kunde gifta sig med dem
parce qu'elle ne voulait pas quitter son père
för hon ville inte lämna sin far
elle était déterminée à l'accompagner à la campagne
hon var fast besluten att följa med honom till bygden
afin qu'elle puisse le réconforter et l'aider
så att hon kunde trösta och hjälpa honom
pauvre Belle était très affligée au début
Den stackars skönheten var först mycket bedrövad
elle était attristée par la perte de sa fortune
hon var bedrövad över förlusten av sin förmögenhet
"**Mais pleurer ne changera pas mon destin**"
"men att gråta kommer inte att förändra min förmögenhet"
« **Je dois essayer de me rendre heureux sans richesse** »
"Jag måste försöka göra mig lycklig utan rikedom"
ils sont venus dans leur maison de campagne
de kom till sitt hus på landet
et le marchand et ses trois fils s'appliquèrent à l'agriculture
och köpmannen och hans tre söner ägnade sig åt jordbruk
Belle s'est levée à quatre heures du matin
skönheten steg vid fyra på morgonen
et elle s'est dépêchée de nettoyer la maison
och hon skyndade sig att städa huset
et elle s'est assurée que le dîner était prêt
och hon såg till att middagen var klar
au début, elle a trouvé sa nouvelle vie très difficile
i början tyckte hon att sitt nya liv var väldigt svårt
parce qu'elle n'était pas habituée à un tel travail
eftersom hon inte varit van vid sådant arbete
mais en moins de deux mois elle est devenue plus forte
men på mindre än två månader växte hon sig starkare
et elle était en meilleure santé que jamais auparavant
och hon var friskare än någonsin tidigare
après avoir fait son travail, elle a lu

efter att hon hade gjort sitt arbete läste hon
elle jouait du clavecin
hon spelade på cembalo
ou elle chantait en filant de la soie
eller hon sjöng medan hon spann silke
au contraire, ses deux sœurs ne savaient pas comment passer leur temps
tvärtom, hennes två systrar visste inte hur de skulle spendera sin tid
ils se sont levés à dix heures et n'ont rien fait d'autre que paresser toute la journée
de gick upp vid tio och gjorde inget annat än att lata sig hela dagen
ils ont déploré la perte de leurs beaux vêtements
de beklagade förlusten av sina fina kläder
et ils se sont plaints d'avoir perdu leurs connaissances
och de klagade över att förlora sina bekanta
« Regardez notre plus jeune sœur », se dirent-ils.
"Titta på vår yngsta syster", sa de till varandra
"Quelle pauvre et stupide créature elle est"
"vilken stackars och dum varelse hon är"
"C'est mesquin de se contenter de si peu"
"det är elak att nöja sig med så lite"
le gentil marchand était d'un avis tout à fait différent
den snälle köpmannen var av en helt annan åsikt
il savait très bien que Belle éclipsait ses sœurs
han visste mycket väl att skönheten överglänste hennes systrar
elle les a surpassés en caractère ainsi qu'en esprit
hon överglänste dem i karaktär och sinne
il admirait son humilité et son travail acharné
han beundrade hennes ödmjukhet och hennes hårda arbete
mais il admirait surtout sa patience
men mest av allt beundrade han hennes tålamod
ses sœurs lui ont laissé tout le travail à faire
hennes systrar lämnade henne allt arbete att göra
et ils l'insultaient à chaque instant

och de förolämpade henne varje ögonblick
La famille vivait ainsi depuis environ un an.
Familjen hade levt så här i ungefär ett år
puis le commerçant a reçu une lettre d'un comptable
då fick köpmannen ett brev från en revisor
il avait un investissement dans un navire
han hade en investering i ett fartyg
et le navire était arrivé sain et sauf
och fartyget hade anlänt säkert
Cette nouvelle a fait tourner les têtes des deux filles aînées
t hans nyheter vände huvudena på de två äldsta döttrarna
ils ont immédiatement eu l'espoir de revenir en ville
de hade genast förhoppningar om att återvända till stan
parce qu'ils étaient assez fatigués de la vie à la campagne
eftersom de var ganska trötta på livet på landet
ils sont allés vers leur père alors qu'il partait
de gick till sin far när han skulle gå
ils l'ont supplié de leur acheter de nouveaux vêtements
de bad honom köpa nya kläder till dem
des robes, des rubans et toutes sortes de petites choses
klänningar, band och alla möjliga småsaker
mais Belle n'a rien demandé
men skönheten bad om ingenting
parce qu'elle pensait que l'argent ne serait pas suffisant
eftersom hon trodde att pengarna inte skulle räcka till
il n'y aurait pas assez pour acheter tout ce que ses sœurs voulaient
det skulle inte räcka för att köpa allt hennes systrar ville ha
"Que veux-tu, ma belle ?" demanda son père
"Vad skulle du vilja, skönhet?" frågade hennes far
« Merci, père, pour la bonté de penser à moi », dit-elle
"tack, far, för godheten att tänka på mig", sa hon
« Père, ayez la gentillesse de m'apporter une rose »
"far, var så snäll att ge mig en ros"
"parce qu'aucune rose ne pousse ici dans le jardin"
"för det växer inga rosor här i trädgården"

"et les roses sont une sorte de rareté"
"och rosor är en sorts sällsynthet"
Belle ne se souciait pas vraiment des roses
skönhet brydde sig inte riktigt om rosor
elle a juste demandé quelque chose pour ne pas condamner ses sœurs
hon bad bara om något för att inte döma sina systrar
mais ses sœurs pensaient qu'elle avait demandé des roses pour d'autres raisons
men hennes systrar trodde att hon bad om rosor av andra skäl
"Elle l'a fait juste pour avoir l'air particulière"
"hon gjorde det bara för att se speciell ut"
L'homme gentil est parti en voyage
Den snälle mannen gick sin resa
mais quand il est arrivé, ils se sont disputés à propos de la marchandise
men när han kom dit bråkade de om varorna
et après beaucoup d'ennuis, il est revenu aussi pauvre qu'avant
och efter mycket besvär kom han tillbaka lika fattig som förut
il était à quelques heures de sa propre maison
han var inom ett par timmar från sitt eget hus
et il imaginait déjà la joie de revoir ses enfants
och han föreställde sig redan glädjen att se sina barn
mais en traversant la forêt, il s'est perdu
men när han gick genom skogen gick han vilse
il a plu et neigé terriblement
det regnade och snöade fruktansvärt
le vent était si fort qu'il l'a fait tomber de son cheval
vinden var så stark att han kastades av hästen
et la nuit arrivait rapidement
och natten kom snabbt
il a commencé à penser qu'il pourrait mourir de faim
han började tänka att han kunde svälta
et il pensait qu'il pourrait mourir de froid
och han tänkte att han kunde frysa ihjäl

et il pensait que les loups pourraient le manger
och han trodde att vargar kunde äta honom
les loups qu'il entendait hurler tout autour de lui
vargarna som han hörde yla runt omkring honom
mais tout à coup il a vu une lumière
men helt plötsligt såg han ett ljus
il a vu la lumière au loin à travers les arbres
han såg ljuset på avstånd genom träden
quand il s'est approché, il a vu que la lumière était un palais
när han kom närmare såg han att ljuset var ett palats
le palais était illuminé de haut en bas
palatset var upplyst från topp till botten
le marchand a remercié Dieu pour sa chance
köpmannen tackade Gud för hans lycka
et il se précipita vers le palais
och han skyndade till palatset
mais il fut surpris de ne voir personne dans le palais
men han blev förvånad över att inte se några människor i palatset
la cour était complètement vide
gårdsplanen var helt tom
et il n'y avait aucun signe de vie nulle part
och det fanns inga tecken på liv någonstans
son cheval le suivit dans le palais
hans häst följde honom in i palatset
et puis son cheval a trouvé une grande écurie
och sedan hittade hans häst ett stort stall
le pauvre animal était presque affamé
det stackars djuret var nästan hungrig
alors son cheval est allé chercher du foin et de l'avoine
så hans häst gick in för att hitta hö och havre
Heureusement, il a trouvé beaucoup à manger
lyckligtvis hittade han mycket att äta
et le marchand attacha son cheval à la mangeoire
och köpmannen band sin häst vid krubban
En marchant vers la maison, il n'a vu personne

när han gick mot huset såg han ingen
mais dans une grande salle il trouva un bon feu
men i en stor sal fann han en bra eld
et il a trouvé une table dressée pour une personne
och han hittade ett dukat bord för en
il était mouillé par la pluie et la neige
han var blöt av regn och snö
alors il s'est approché du feu pour se sécher
så han gick nära elden för att torka sig
« J'espère que le maître de maison m'excusera »
"Jag hoppas att husets herre ursäktar mig"
« Je suppose qu'il ne faudra pas longtemps pour que quelqu'un apparaisse »
"Jag antar att det inte tar lång tid för någon att dyka upp"
Il a attendu un temps considérable
Han väntade en lång tid
il a attendu jusqu'à ce que onze heures sonnent, et toujours personne n'est venu
han väntade tills klockan slog elva, och ändå kom ingen
enfin, il avait tellement faim qu'il ne pouvait plus attendre
äntligen var han så hungrig att han inte kunde vänta längre
il a pris du poulet et l'a mangé en deux bouchées
han tog lite kyckling och åt den i två munsbitar
il tremblait en mangeant la nourriture
han darrade när han åt maten
après cela, il a bu quelques verres de vin
efter detta drack han några glas vin
devenant plus courageux, il sortit du hall
blev modigare och gick ut ur hallen
et il traversa plusieurs grandes salles
och han gick igenom flera stora salar
il a traversé le palais jusqu'à ce qu'il arrive dans une chambre
han gick genom palatset tills han kom in i en kammare
une chambre qui contenait un très bon lit
en kammare som hade en synnerligen god säng i sig

il était très fatigué par son épreuve
han var mycket trött efter sin prövning
et il était déjà minuit passé
och klockan var redan över midnatt
alors il a décidé qu'il était préférable de fermer la porte
så han bestämde sig för att det var bäst att stänga dörren
et il a conclu qu'il devrait aller se coucher
och han kom fram till att han borde gå och lägga sig
Il était dix heures du matin lorsque le marchand s'est réveillé
Klockan var tio på morgonen när köpmannen vaknade
au moment où il allait se lever, il vit quelque chose
precis när han skulle resa sig såg han något
il a été étonné de voir un ensemble de vêtements propres
han blev förvånad över att se en ren uppsättning kläder
à l'endroit où il avait laissé ses vêtements sales
på den plats där han hade lämnat sina smutsiga kläder
"**ce palais appartient certainement à une sorte de fée**"
"visst tillhör det här palatset någon slags älva"
" **une fée qui m'a vu et qui a eu pitié de moi**"
" en älva som har sett och tytt synd om mig"
il a regardé à travers une fenêtre
han tittade genom ett fönster
mais au lieu de neige, il vit le jardin le plus charmant
men i stället för snö såg han den förtjusande trädgården
et dans le jardin il y avait les plus belles roses
och i trädgården fanns de vackraste rosor
il est ensuite retourné dans la grande salle
han återvände sedan till den stora salen
la salle où il avait mangé de la soupe la veille
salen där han hade ätit soppa kvällen innan
et il a trouvé du chocolat sur une petite table
och han hittade lite choklad på ett litet bord
« **Merci, bonne Madame la Fée** », dit-il à voix haute.
"Tack, goda Madam Fairy", sa han högt
"**Merci d'être si attentionné**"

"tack för att du är så omtänksam"
« Je vous suis extrêmement reconnaissant pour toutes vos faveurs »
"Jag är oerhört tacksam mot dig för alla dina tjänster"
l'homme gentil a bu son chocolat
den snälle mannen drack sin choklad
et puis il est allé chercher son cheval
och så gick han för att leta efter sin häst
mais dans le jardin il se souvint de la demande de Belle
men i trädgården mindes han skönhetens begäran
et il coupa une branche de roses
och han högg av en gren av rosor
immédiatement il entendit un grand bruit
genast hörde han ett stort ljud
et il vit une bête terriblement effrayante
och han såg ett fruktansvärt fruktansvärt odjur
il était tellement effrayé qu'il était sur le point de s'évanouir
han var så rädd att han var redo att svimma
« Tu es bien ingrat », lui dit la bête.
"Du är mycket otacksam", sa odjuret till honom
et la bête parla d'une voix terrible
och vilddjuret talade med en fruktansvärd röst
« Je t'ai sauvé la vie en te laissant entrer dans mon château »
"Jag har räddat ditt liv genom att släppa in dig i mitt slott"
"**et pour ça tu me voles mes roses en retour ?**"
"och för detta stjäl du mina rosor i gengäld?"
« Les roses que j'apprécie plus que tout »
"Rosorna som jag värdesätter över allt"
"**mais tu mourras pour ce que tu as fait**"
"men du ska dö för vad du har gjort"
« Je ne vous donne qu'un quart d'heure pour vous préparer »
"Jag ger dig bara en kvart att förbereda dig"
« Préparez-vous à la mort et dites vos prières »
"gör dig redo för döden och säg dina böner"
le marchand tomba à genoux
köpmannen föll på knä

et il leva ses deux mains
och han lyfte upp båda sina händer
« Monseigneur, je vous supplie de me pardonner »
"Min herre, jag ber dig att förlåta mig"
« Je n'avais aucune intention de t'offenser »
"Jag hade inte för avsikt att förolämpa dig"
« J'ai cueilli une rose pour une de mes filles »
"Jag samlade en ros till en av mina döttrar"
"elle m'a demandé de lui apporter une rose"
"hon bad mig ge henne en ros"
« Je ne suis pas ton seigneur, mais je suis une bête », répondit le monstre
"Jag är inte din herre, men jag är ett odjur", svarade monstret
« Je n'aime pas les compliments »
"Jag älskar inte komplimanger"
« J'aime les gens qui parlent comme ils pensent »
"Jag gillar folk som pratar som de tycker"
« N'imaginez pas que je puisse être ému par la flatterie »
"föreställ mig inte att jag kan bli rörd av smicker"
« Mais tu dis que tu as des filles »
"Men du säger att du har döttrar"
"Je te pardonnerai à une condition"
"Jag kommer att förlåta dig på ett villkor"
« L'une de vos filles doit venir volontairement à mon palais »
"en av dina döttrar måste gärna komma till mitt palats"
"et elle doit souffrir pour toi"
"och hon måste lida för dig"
« Donne-moi ta parole »
"Låt mig få ditt ord"
"et ensuite tu pourras vaquer à tes occupations"
"och då kan du gå på din affär"
« Promets-moi ceci : »
"Lova mig detta:"
"Si votre fille refuse de mourir pour vous, vous devez revenir dans les trois mois"

"om din dotter vägrar att dö för dig måste du återvända inom tre månader"
le marchand n'avait aucune intention de sacrifier ses filles
köpmannen hade inga avsikter att offra sina döttrar
mais, comme on lui en donnait le temps, il voulait revoir ses filles une fois de plus
men eftersom han fick tid, ville han åter träffa sina döttrar
alors il a promis qu'il reviendrait
så han lovade att han skulle återvända
et la bête lui dit qu'il pouvait partir quand il le voudrait
och vilddjuret sade till honom att han kunde ge sig av när han ville
et la bête lui dit encore une chose
och odjuret berättade en sak till för honom
« Tu ne partiras pas les mains vides »
"du ska inte gå tomhänt"
« retourne dans la pièce où tu étais allongé »
"gå tillbaka till rummet där du låg"
« vous verrez un grand coffre au trésor vide »
"du kommer att se en stor tom skattkista"
« Remplissez le coffre aux trésors avec ce que vous préférez »
"fyll skattkistan med det du tycker bäst om"
"et j'enverrai le coffre au trésor chez toi"
"och jag ska skicka skattkistan till ditt hem"
et en même temps la bête s'est retirée
och samtidigt drog sig odjuret tillbaka
« Eh bien, » se dit le bon homme
"Jaha", sa den gode mannen för sig själv
« Si je dois mourir, je laisserai au moins quelque chose à mes enfants »
"om jag måste dö ska jag åtminstone lämna något till mina barn"
alors il retourna dans la chambre à coucher
så han gick tillbaka till sängkammaren
et il a trouvé une grande quantité de pièces d'or

och han fann en hel del guldstycken
il a rempli le coffre au trésor que la bête avait mentionné
han fyllde skattkistan som besten hade nämnt
et il sortit son cheval de l'écurie
och han tog sin häst ur stallet
la joie qu'il ressentait en entrant dans le palais était désormais égale à la douleur qu'il ressentait en le quittant
glädjen han kände när han gick in i palatset var nu lika med den sorg han kände när han lämnade det
le cheval a pris un des chemins de la forêt
hästen tog en av skogens vägar
et quelques heures plus tard, le bon homme était à la maison
och om några timmar var den gode mannen hemma
ses enfants sont venus à lui
hans barn kom till honom
mais au lieu de recevoir leurs étreintes avec plaisir, il les regardait
men i stället för att ta emot deras omfamningar med nöje, såg han på dem
il brandit la branche qu'il tenait dans ses mains
han höll upp grenen han hade i händerna
et puis il a fondu en larmes
och sedan brast han i gråt
« Belle », dit-il, « s'il te plaît, prends ces roses »
"skönhet," sa han, "snälla ta dessa rosor"
"Vous ne pouvez pas savoir à quel point ces roses ont été chères"
"du kan inte veta hur dyra de här rosorna har varit"
"Ces roses ont coûté la vie à ton père"
"dessa rosor har kostat din far livet"
et puis il raconta sa fatale aventure
och så berättade han om sitt ödesdigra äventyr
immédiatement les deux sœurs aînées crièrent
genast ropade de två äldsta systrarna
et ils ont dit beaucoup de choses méchantes à leur belle sœur
och de sa många elaka saker till sin vackra syster

mais Belle n'a pas pleuré du tout
men skönheten grät inte alls
« Regardez l'orgueil de ce petit misérable », dirent-ils.
"Titta på den där lilla stackarens stolthet", sa de
"elle n'a pas demandé de beaux vêtements"
"hon bad inte om fina kläder"
"Elle aurait dû faire ce que nous avons fait"
"hon borde ha gjort som vi gjorde"
"elle voulait se distinguer"
"hon ville utmärka sig"
"alors maintenant elle sera la mort de notre père"
"så nu blir hon vår fars död"
"et pourtant elle ne verse pas une larme"
"och ändå fäller hon inte en tår"
"Pourquoi devrais-je pleurer ?" répondit Belle
"Varför skulle jag gråta?" svarade skönhet
« pleurer serait très inutile »
"det skulle vara väldigt onödigt att gråta"
« Mon père ne souffrira pas pour moi »
"min far kommer inte att lida för mig"
"le monstre acceptera une de ses filles"
"monstret kommer att acceptera en av sina döttrar"
« Je m'offrirai à toute sa fureur »
"Jag kommer att offra mig till all hans vrede"
« Je suis très heureux, car ma mort sauvera la vie de mon père »
"Jag är väldigt glad, för min död kommer att rädda min fars liv"
"ma mort sera une preuve de mon amour"
"min död kommer att vara ett bevis på min kärlek"
« Non, ma sœur », dirent ses trois frères
"Nej, syster", sa hennes tre bröder
"cela ne sera pas"
"det ska inte vara"
"nous allons chercher le monstre"
"vi ska gå och hitta monstret"

"et soit on le tue..."
"och antingen dödar vi honom..."
« ... ou nous périrons dans cette tentative »
"... annars kommer vi att gå under i försöket"
« N'imaginez rien de tel, mes fils », dit le marchand.
"Förställ dig inte något sådant, mina söner," sade köpmannen
"La puissance de la bête est si grande que je n'ai aucun espoir que tu puisses la vaincre"
"odjurets kraft är så stor att jag inte har något hopp om att du skulle kunna övervinna honom"
« Je suis charmé par l'offre aimable et généreuse de Belle »
"Jag är charmad av skönhetens vänliga och generösa erbjudande"
"mais je ne peux pas accepter sa générosité"
"men jag kan inte acceptera hennes generositet"
« Je suis vieux et je n'ai plus beaucoup de temps à vivre »
"Jag är gammal och jag har inte länge kvar att leva"
"Je ne peux donc perdre que quelques années"
"så jag kan bara förlora några år"
"un temps que je regrette pour vous, mes chers enfants"
"tid som jag ångrar för er skull, mina kära barn"
« Mais père », dit Belle
"Men far," sa skönheten
"tu n'iras pas au palais sans moi"
"du ska inte gå till palatset utan mig"
"tu ne peux pas m'empêcher de te suivre"
"du kan inte hindra mig från att följa dig"
rien ne pourrait convaincre Belle autrement
ingenting kunde övertyga skönhet annars
elle a insisté pour aller au beau palais
hon insisterade på att gå till det fina palatset
et ses sœurs étaient ravies de son insistance
och hennes systrar var förtjusta över hennes insisterande
Le marchand était inquiet à l'idée de perdre sa fille
Köpmannen var orolig vid tanken på att förlora sin dotter
il était tellement inquiet qu'il avait oublié le coffre rempli

d'or
han var så orolig att han hade glömt kistan full av guld
la nuit, il se retirait pour se reposer et fermait la porte de sa chambre
på natten drog han sig tillbaka för att vila, och han stängde sin kammardörr
puis, à sa grande surprise, il trouva le trésor à côté de son lit
då fann han till sin stora förvåning skatten vid sin säng
il était déterminé à ne rien dire à ses enfants
han var fast besluten att inte berätta för sina barn
s'ils savaient, ils auraient voulu retourner en ville
om de visste det, skulle de ha velat återvända till stan
et il était résolu à ne pas quitter la campagne
och han var fast besluten att inte lämna bygden
mais il confia le secret à Belle
men han litade på skönheten med hemligheten
elle l'informa que deux messieurs étaient venus
hon meddelade honom att två herrar hade kommit
et ils ont fait des propositions à ses sœurs
och de föreslog hennes systrar
elle a supplié son père de consentir à leur mariage
hon bad sin far att samtycka till deras äktenskap
et elle lui a demandé de leur donner une partie de sa fortune
och hon bad honom att ge dem en del av hans förmögenhet
elle leur avait déjà pardonné
hon hade redan förlåtit dem
les méchantes créatures se frottaient les yeux avec des oignons
de onda varelserna gnuggade sina ögon med lök
pour forcer quelques larmes quand ils se sont séparés de leur sœur
att tvinga fram några tårar när de skildes åt sin syster
mais ses frères étaient vraiment inquiets
men hennes bröder var verkligen oroliga
Belle était la seule à ne pas verser de larmes
skönheten var den enda som inte fällde några tårar

elle ne voulait pas augmenter leur malaise
hon ville inte öka deras oro
le cheval a pris la route directe vers le palais
hästen tog den direkta vägen till palatset
et vers le soir ils virent le palais illuminé
och mot kvällen såg de det upplysta palatset
le cheval est rentré à l'écurie
hästen tog sig in i stallet igen
et le bon homme et sa fille entrèrent dans la grande salle
och den gode mannen och hans dotter gick in i den stora salen
ici ils ont trouvé une table magnifiquement dressée
här fann de ett utmärkt uppdukat bord
le marchand n'avait pas d'appétit pour manger
köpmannen hade ingen aptit att äta
mais Belle s'efforçait de paraître joyeuse
men skönheten strävade efter att framstå som gladlynt
elle s'est assise à table et a aidé son père
hon satte sig vid bordet och hjälpte sin far
mais elle pensait aussi :
men hon tänkte också för sig själv:
"La bête veut sûrement m'engraisser avant de me manger"
"odjuret vill verkligen göda mig innan han äter upp mig"
"c'est pourquoi il offre autant de divertissement"
"det är därför han ger så riklig underhållning"
après avoir mangé, ils entendirent un grand bruit
efter att de hade ätit hörde de ett stort ljud
et le marchand fit ses adieux à son malheureux enfant, les larmes aux yeux
och köpmannen tog farväl av sitt olyckliga barn med tårar i ögonen
parce qu'il savait que la bête allait venir
för han visste att odjuret skulle komma
Belle était terrifiée par sa forme horrible
skönheten var livrädd för hans hemska form
mais elle a pris courage du mieux qu'elle a pu
men hon tog mod till sig så gott hon kunde

et le monstre lui a demandé si elle était venue volontairement
och monstret frågade henne om hon kom villigt
"Oui, je suis venue volontiers", dit-elle en tremblant
"ja, jag har kommit villigt", sa hon darrande
la bête répondit : « Tu es très bon »
odjuret svarade, "Du är väldigt bra"
"et je vous suis très reconnaissant, honnête homme"
"och jag är mycket tacksam mot dig, ärlig man"
« Allez-y demain matin »
"gå din väg i morgon bitti"
"mais ne pense plus jamais à revenir ici"
"men tänk aldrig på att komma hit igen"
« Adieu Belle, adieu bête », répondit-il
"Farväl skönhet, farväl best", svarade han
et immédiatement le monstre s'est retiré
och genast drog sig monstret tillbaka
« Oh, ma fille », dit le marchand
"Åh, dotter", sa köpmannen
et il embrassa sa fille une fois de plus
och han omfamnade sin dotter ännu en gång
« Je suis presque mort de peur »
"Jag är nästan livrädd"
"crois-moi, tu ferais mieux de rentrer"
"tro mig, du borde gå tillbaka"
"Laisse-moi rester ici, à ta place"
"låt mig stanna här istället för dig"
« Non, père », dit Belle d'un ton résolu.
"Nej, far," sa skönheten i en beslutsam ton
"tu partiras demain matin"
"du ska ge dig av i morgon bitti"
« Laissez-moi aux soins et à la protection de la Providence »
"överlåt mig åt försynens vård och skydd"
néanmoins ils sont allés se coucher
ändå gick de och la sig
ils pensaient qu'ils ne fermeraient pas les yeux de la nuit

de trodde att de inte skulle blunda på hela natten
mais juste au moment où ils se couchaient, ils s'endormirent
men just när de låg ner sov de
La belle rêva qu'une belle dame venait et lui disait :
skönheten drömde att en fin dam kom och sa till henne:
« Je suis content, Belle, de ta bonne volonté »
"Jag är nöjd, skönhet, med din goda vilja"
« Cette bonne action de votre part ne restera pas sans récompense »
"denna goda handling av dig ska inte gå obelönad"
Belle s'est réveillée et a raconté son rêve à son père
skönhet vaknade och berättade för sin far sin dröm
le rêve l'a aidé à se réconforter un peu
drömmen hjälpte till att trösta honom lite
mais il ne pouvait s'empêcher de pleurer amèrement en partant
men han kunde inte låta bli att gråta bittert när han gick
Dès qu'il fut parti, Belle s'assit dans la grande salle et pleura aussi
så snart han var borta, satte sig skönheten i den stora salen och grät också
mais elle résolut de ne pas s'inquiéter
men hon bestämde sig för att inte vara orolig
elle a décidé d'être forte pour le peu de temps qui lui restait à vivre
hon bestämde sig för att vara stark under den lilla tid hon hade kvar att leva
parce qu'elle croyait fermement que la bête la mangerait
för hon trodde bestämt att odjuret skulle äta upp henne
Cependant, elle pensait qu'elle pourrait aussi bien explorer le palais
hon tänkte dock att hon lika gärna kunde utforska palatset
et elle voulait voir le beau château
och hon ville se det fina slottet
un château qu'elle ne pouvait s'empêcher d'admirer
ett slott som hon inte kunde låta bli att beundra

c'était un palais délicieusement agréable
det var ett förtjusande trevligt palats
et elle fut extrêmement surprise de voir une porte
och hon blev oerhört förvånad över att se en dörr
et sur la porte il était écrit que c'était sa chambre
och över dörren stod det skrivet att det var hennes rum
elle a ouvert la porte à la hâte
hon öppnade hastigt dörren
et elle était tout à fait éblouie par la magnificence de la pièce
och hon var alldeles bländad av rummets prakt
ce qui a principalement retenu son attention était une grande bibliothèque
det som främst upptog hennes uppmärksamhet var ett stort bibliotek
un clavecin et plusieurs livres de musique
ett cembalo och flera notböcker
« Eh bien, » se dit-elle
"Jaha", sa hon för sig själv
« Je vois que la bête ne laissera pas mon temps peser sur moi »
"Jag ser att odjuret inte låter min tid hänga tung"
puis elle réfléchit à sa situation
sedan reflekterade hon för sig själv över sin situation
« Si je devais rester un jour, tout cela ne serait pas là »
"Om det var meningen att jag skulle stanna en dag skulle allt detta inte vara här"
cette considération lui inspira un courage nouveau
denna omtanke inspirerade henne med nytt mod
et elle a pris un livre de sa nouvelle bibliothèque
och hon tog en bok från sitt nya bibliotek
et elle lut ces mots en lettres d'or :
och hon läste dessa ord med gyllene bokstäver:
« Accueillez Belle, bannissez la peur »
"Välkommen skönhet, förvisa rädsla"
« Vous êtes reine et maîtresse ici »
"Du är drottning och älskarinna här"

« Exprimez vos souhaits, exprimez votre volonté »
"Säg dina önskemål, tala din vilja"
« L'obéissance rapide répond ici à vos souhaits »
"Snabb lydnad uppfyller dina önskemål här"
« Hélas, dit-elle avec un soupir
"Ack", sa hon med en suck
« Ce que je souhaite par-dessus tout, c'est revoir mon pauvre père. »
"Mest av allt vill jag se min stackars far"
"et j'aimerais savoir ce qu'il fait"
"och jag skulle vilja veta vad han gör"
Dès qu'elle eut dit cela, elle remarqua le miroir
Så fort hon hade sagt detta lade hon märke till spegeln
à sa grande surprise, elle vit sa propre maison dans le miroir
till sin stora förvåning såg hon sitt eget hem i spegeln
son père est arrivé émotionnellement épuisé
hennes pappa kom känslomässigt utmattad
ses sœurs sont allées à sa rencontre
hennes systrar gick honom till mötes
malgré leurs tentatives de paraître tristes, leur joie était visible
trots deras försök att framstå som sorgsna var deras glädje synlig
un instant plus tard, tout a disparu
en stund senare försvann allt
et les appréhensions de Belle ont également disparu
och skönhetens farhågor försvann också
car elle savait qu'elle pouvait faire confiance à la bête
för hon visste att hon kunde lita på odjuret
À midi, elle trouva le dîner prêt
Vid middagstid hittade hon middagen klar
elle s'est assise à la table
hon satte sig vid bordet
et elle a été divertie avec un concert de musique
och hon underhölls med en musikkonsert
même si elle ne pouvait voir personne

även om hon inte kunde se någon
le soir, elle s'est à nouveau assise pour dîner
på natten satte hon sig för kvällsmat igen
cette fois elle entendit le bruit que faisait la bête
den här gången hörde hon det oväsen som besten gjorde
et elle ne pouvait s'empêcher d'être terrifiée
och hon kunde inte låta bli att bli livrädd
"Belle", dit le monstre
"skönhet", sa monstret
"est-ce que tu me permets de manger avec toi ?"
"Låter du mig äta med dig?"
« Fais comme tu veux », répondit Belle en tremblant
"gör som du vill," svarade skönheten darrande
"Non", répondit la bête
"Nej", svarade besten
"tu es seule la maîtresse ici"
"du ensam är älskarinna här"
"tu peux me renvoyer si je suis gênant"
"du kan skicka iväg mig om jag är jobbig"
« renvoyez-moi et je me retirerai immédiatement »
"skicka iväg mig så drar jag mig omedelbart"
« Mais dis-moi, ne me trouves-tu pas très laide ? »
"Men säg mig, tycker du inte att jag är väldigt ful?"
"C'est vrai", dit Belle
"Det är sant", sa skönheten
« Je ne peux pas mentir »
"Jag kan inte ljuga"
"mais je crois que tu es de très bonne nature"
"men jag tror att du är väldigt godmodig"
« Je le suis en effet », dit le monstre
"Det är jag verkligen", sa monstret
« Mais à part ma laideur, je n'ai pas non plus de bon sens »
"Men bortsett från min fulhet har jag heller inget vett"
« Je sais très bien que je suis une créature stupide »
"Jag vet mycket väl att jag är en fånig varelse"
« Ce n'est pas un signe de folie de penser ainsi », répondit

Belle.
"Det är inget tecken på dårskap att tänka så," svarade skönheten
« Mange donc, belle », dit le monstre
"Ät då, skönhet", sa monstret
« essaie de t'amuser dans ton palais »
"försök att roa dig i ditt palats"
"tout ici est à toi"
"allt här är ditt"
"et je serais très mal à l'aise si tu n'étais pas heureux"
"och jag skulle vara väldigt orolig om du inte var nöjd"
« Vous êtes très obligeant », répondit Belle
"Du är mycket tillmötesgående," svarade skönhet
« J'avoue que je suis heureux de votre gentillesse »
"Jag erkänner att jag är nöjd med din vänlighet"
« et quand je considère votre gentillesse, je remarque à peine vos difformités »
"och när jag tänker på din vänlighet märker jag knappt dina missbildningar"
« Oui, oui, dit la bête, mon cœur est bon. »
"Ja, ja," sa besten, "mitt hjärta är gott
"**mais même si je suis bon, je suis toujours un monstre**"
"men även om jag är bra är jag fortfarande ett monster"
« Il y a beaucoup d'hommes qui méritent ce nom plus que toi »
"Det finns många män som förtjänar det namnet mer än du"
"**et je te préfère tel que tu es**"
"och jag föredrar dig precis som du är"
"**et je te préfère à ceux qui cachent un cœur ingrat**"
"och jag föredrar dig mer än de som döljer ett otacksamt hjärta"
"**Si seulement j'avais un peu de bon sens**", répondit la bête
"om jag bara hade något vett", svarade besten
"**Si j'avais du bon sens, je vous ferais un beau compliment pour vous remercier**"
"om jag hade förnuft skulle jag ge en bra komplimang för att

tacka dig"
"mais je suis si ennuyeux"
"men jag är så tråkig"
« Je peux seulement dire que je vous suis très reconnaissant »
"Jag kan bara säga att jag är mycket tacksam mot dig"
Belle a mangé un copieux souper
skönhet åt en rejäl middag
et elle avait presque vaincu sa peur du monstre
och hon hade nästan övervunnit sin fruktan för monstret
mais elle a voulu s'évanouir lorsque la bête lui a posé la question suivante
men hon ville svimma när besten ställde nästa fråga till henne
"Belle, veux-tu être ma femme ?"
"skönhet, kommer du att bli min fru?"
elle a mis du temps avant de pouvoir répondre
hon tog lite tid innan hon kunde svara
parce qu'elle avait peur de le mettre en colère
eftersom hon var rädd för att göra honom arg
Mais finalement elle dit "non, bête"
Men till slut sa hon "nej, odjuret"
immédiatement le pauvre monstre siffla très effroyablement
genast väste det stackars monstret mycket skrämmande
et tout le palais résonna
och hela palatset ekade
mais Belle se remit bientôt de sa frayeur
men skönheten återhämtade sig snart från sin skräck
parce que la bête parla encore d'une voix lugubre
för odjuret talade igen med sorgsen röst
"Alors adieu, Belle"
"sedan farväl, skönhet"
et il ne se retournait que de temps en temps
och han vände bara tillbaka då och då
de la regarder alors qu'il sortait
att titta på henne när han gick ut
maintenant Belle était à nouveau seule

nu var skönheten ensam igen
elle ressentait beaucoup de compassion
hon kände en stor medkänsla
"Hélas, c'est mille fois dommage"
"Ack, det är tusen synd"
"tout ce qui est si bon ne devrait pas être si laid"
"allt så godmodigt ska inte vara så fult"
Belle a passé trois mois très heureuse dans le palais
skönhet tillbringade tre månader mycket nöjd i palatset
chaque soir la bête lui rendait visite
varje kväll besökte odjuret henne
et ils ont parlé pendant le dîner
och de pratade under kvällsmaten
ils ont parlé avec bon sens
de pratade med sunt förnuft
mais ils ne parlaient pas avec ce que les gens appellent de l'esprit
men de pratade inte med vad folk kallar vittighet
Belle a toujours découvert un caractère précieux dans la bête
skönhet har alltid upptäckt någon värdefull karaktär i besten
et elle s'était habituée à sa difformité
och hon hade vant sig vid hans missbildning
elle ne redoutait plus le moment de sa visite
hon fruktade inte längre tiden för hans besök
maintenant elle regardait souvent sa montre
nu tittade hon ofta på klockan
et elle ne pouvait pas attendre qu'il soit neuf heures
och hon kunde inte vänta på att klockan skulle bli nio
car la bête ne manquait jamais de venir à cette heure-là
för odjuret missade aldrig att komma vid den tiden
il n'y avait qu'une seule chose qui concernait Belle
det var bara en sak som gällde skönhet
chaque soir avant d'aller au lit, la bête lui posait la même question
varje kväll innan hon gick och la sig ställde odjuret samma fråga till henne

le monstre lui a demandé si elle voulait être sa femme
monstret frågade henne om hon skulle vara hans fru
un jour elle lui dit : "bête, tu me mets très mal à l'aise"
en dag sa hon till honom, "odjur, du gör mig väldigt orolig"
« J'aimerais pouvoir consentir à t'épouser »
"Jag önskar att jag kunde samtycka till att gifta mig med dig"
"mais je suis trop sincère pour te faire croire que je t'épouserais"
"men jag är för uppriktig för att få dig att tro att jag skulle gifta mig med dig"
"Notre mariage n'aura jamais lieu"
"vårt äktenskap kommer aldrig att hända"
« Je te verrai toujours comme un ami »
"Jag kommer alltid att se dig som en vän"
"S'il vous plaît, essayez d'être satisfait de cela"
"snälla försök att vara nöjd med detta"
« Je dois me contenter de cela », dit la bête
"Jag måste vara nöjd med det här," sade besten
« Je connais mon propre malheur »
"Jag vet min egen olycka"
"mais je t'aime avec la plus tendre affection"
"men jag älskar dig med den ömmaste tillgivenhet"
« Cependant, je devrais me considérer comme heureux »
"Men jag borde se mig själv som lycklig"
"et je serais heureux que tu restes ici"
"och jag borde vara glad att du stannar här"
"promets-moi de ne jamais me quitter"
"lova mig att aldrig lämna mig"
Belle rougit à ces mots
skönheten rodnade vid dessa ord
Un jour, Belle se regardait dans son miroir
en dag tittade skönheten i sin spegel
son père s'était inquiété à mort pour elle
hennes far hade oroat sig sjuk för hennes skull
elle avait plus que jamais envie de le revoir
hon längtade mer än någonsin efter att få träffa honom igen

« Je pourrais te promettre de ne jamais te quitter complètement »
"Jag kunde lova att aldrig lämna dig helt"
"mais j'ai tellement envie de voir mon père"
"men jag har så stor lust att träffa min pappa"
« Je serais terriblement contrarié si tu disais non »
"Jag skulle bli omöjligt upprörd om du säger nej"
« Je préfère mourir moi-même », dit le monstre
"Jag hade hellre dött själv", sa monstret
« Je préférerais mourir plutôt que de te mettre mal à l'aise »
"Jag skulle hellre dö än att få dig att känna oro"
« Je t'enverrai vers ton père »
"Jag skickar dig till din far"
"tu resteras avec lui"
"du ska stanna hos honom"
"et cette malheureuse bête mourra de chagrin à la place"
"och detta olyckliga odjur kommer att dö av sorg istället"
« Non », dit Belle en pleurant
"Nej", sa skönheten och grät
"Je t'aime trop pour être la cause de ta mort"
"Jag älskar dig för mycket för att vara orsaken till din död"
"Je te promets de revenir dans une semaine"
"Jag lovar dig att återvända om en vecka"
« Tu m'as montré que mes sœurs sont mariées »
"Du har visat mig att mina systrar är gifta"
« et mes frères sont partis à l'armée »
"och mina bröder har gått till armén"
« laisse-moi rester une semaine avec mon père, car il est seul »
"låt mig stanna en vecka hos min far, eftersom han är ensam"
« Tu seras là demain matin », dit la bête
"Du ska vara där i morgon bitti," sa odjuret
"mais souviens-toi de ta promesse"
"men kom ihåg ditt löfte"
« Il vous suffit de poser votre bague sur une table avant d'aller vous coucher »

"Du behöver bara lägga din ring på ett bord innan du går och lägger dig"
"et alors tu seras ramené avant le matin"
"och då kommer du att hämtas tillbaka innan morgonen"
« Adieu chère Belle », soupira la bête
"Farväl kära skönhet", suckade besten
Belle s'est couchée très triste cette nuit-là
skönhet gick till sängs väldigt ledsen den kvällen
parce qu'elle ne voulait pas voir la bête si inquiète
för hon ville inte se besten så orolig
le lendemain matin, elle se retrouva chez son père
nästa morgon befann hon sig hemma hos sin far
elle a sonné une petite cloche à côté de son lit
hon ringde en liten klocka vid sin säng
et la servante poussa un grand cri
och pigan gav ett högt skrik
et son père a couru à l'étage
och hennes far sprang uppför trappan
il pensait qu'il allait mourir de joie
han trodde att han skulle dö av glädje
il l'a tenue dans ses bras pendant un quart d'heure
han höll henne i sina armar i en kvart
Finalement, les premières salutations étaient terminées
så småningom var de första hälsningarna över
Belle a commencé à penser à sortir du lit
skönhet började tänka på att gå upp ur sängen
mais elle s'est rendu compte qu'elle n'avait apporté aucun vêtement
men hon insåg att hon inte hade tagit med sig några kläder
mais la servante lui a dit qu'elle avait trouvé une boîte
men pigan berättade att hon hade hittat en låda
le grand coffre était plein de robes et de robes
den stora bagageluckan var full av klänningar och klänningar
chaque robe était couverte d'or et de diamants
varje klänning var täckt med guld och diamanter
La Belle a remercié la Bête pour ses bons soins

skönheten tackade best för hans vänliga omsorg
et elle a pris l'une des robes les plus simples
och hon tog en av de enklaste klänningarna
elle avait l'intention de donner les autres robes à ses sœurs
hon tänkte ge de andra klänningarna till sina systrar
mais à cette pensée le coffre de vêtements disparut
men vid den tanken försvann kläderna
la bête avait insisté sur le fait que les vêtements étaient pour elle seulement
Beast hade insisterat på att kläderna bara var för henne
son père lui a dit que c'était le cas
hennes far sa till henne att så var fallet
et aussitôt le coffre de vêtements est revenu
och genast kom klädstammen tillbaka igen
Belle s'est habillée avec ses nouveaux vêtements
skönheten klädde sig själv med sina nya kläder
et pendant ce temps les servantes allèrent chercher ses sœurs
och under tiden gick pigor för att hitta sina systrar
ses deux sœurs étaient avec leurs maris
båda hennes syster var med sina män
mais ses deux sœurs étaient très malheureuses
men båda hennes systrar var mycket olyckliga
sa sœur aînée avait épousé un très beau gentleman
hennes äldsta syster hade gift sig med en mycket stilig herre
mais il était tellement amoureux de lui-même qu'il négligeait sa femme
men han var så förtjust i sig själv att han försummade sin hustru
sa deuxième sœur avait épousé un homme spirituel
hennes andra syster hade gift sig med en kvick man
mais il a utilisé son esprit pour tourmenter les gens
men han använde sin vittighet för att plåga människor
et il tourmentait surtout sa femme
och han plågade sin hustru mest av allt
Les sœurs de Belle l'ont vue habillée comme une princesse
skönhetens systrar såg henne klädd som en prinsessa

et ils furent écœurés d'envie
och de blev sjuka av avund
maintenant elle était plus belle que jamais
nu var hon vackrare än någonsin
son comportement affectueux n'a pas pu étouffer leur jalousie
hennes tillgivna beteende kunde inte kväva deras svartsjuka
elle leur a dit combien elle était heureuse avec la bête
hon berättade för dem hur glad hon var med odjuret
et leur jalousie était prête à éclater
och deras svartsjuka var redo att brista
Ils descendirent dans le jardin pour pleurer leur malheur
De gick ner i trädgården för att gråta över sin olycka
« En quoi cette petite créature est-elle meilleure que nous ? »
"På vilket sätt är denna lilla varelse bättre än oss?"
« Pourquoi devrait-elle être tellement plus heureuse ? »
"Varför skulle hon vara så mycket gladare?"
« Sœur », dit la sœur aînée
"Syster", sa storasystern
"une pensée vient de me traverser l'esprit"
"en tanke slog mig just"
« Essayons de la garder ici plus d'une semaine »
"låt oss försöka hålla henne här i mer än en vecka"
"Peut-être que cela fera enrager ce monstre idiot"
"det här kanske kommer att göra det fåniga monstret rasande"
« parce qu'elle aurait manqué à sa parole »
"för att hon skulle ha brutit sitt ord"
"et alors il pourrait la dévorer"
"och då kanske han slukar henne"
"C'est une excellente idée", répondit l'autre sœur
"det är en bra idé", svarade den andra systern
« Nous devons lui montrer autant de gentillesse que possible »
"vi måste visa henne så mycket vänlighet som möjligt"
les sœurs en ont fait leur résolution
systrarna gjorde detta till sitt beslut

et ils se sont comportés très affectueusement envers leur sœur
och de uppträdde mycket tillgiven mot sin syster
pauvre Belle pleurait de joie à cause de toute leur gentillesse
stackars skönhet grät av glädje av all deras vänlighet
quand la semaine fut expirée, ils pleurèrent et s'arrachèrent les cheveux
när veckan var slut grät de och slet sig i håret
ils semblaient si désolés de se séparer d'elle
de verkade så ledsna över att skiljas från henne
et Belle a promis de rester une semaine de plus
och skönhet lovade att stanna en vecka längre
Pendant ce temps, Belle ne pouvait s'empêcher de réfléchir sur elle-même
Under tiden kunde skönhet inte låta bli att reflektera över sig själv
elle s'inquiétait de ce qu'elle faisait à la pauvre bête
hon oroade sig för vad hon gjorde mot stackars best
elle sait qu'elle l'aimait sincèrement
hon vet att hon uppriktigt älskade honom
et elle avait vraiment envie de le revoir
och hon längtade verkligen efter att få träffa honom igen
la dixième nuit qu'elle a passée chez son père aussi
den tionde natten tillbringade hon också hos sin far
elle a rêvé qu'elle était dans le jardin du palais
hon drömde att hon var i slottsträdgården
et elle rêva qu'elle voyait la bête étendue sur l'herbe
och hon drömde att hon såg vilddjuret utsträckt på gräset
il semblait lui faire des reproches d'une voix mourante
han tycktes förebrå henne med döende röst
et il l'accusa d'ingratitude
och han anklagade henne för otacksamhet
Belle s'est réveillée de son sommeil
skönhet vaknade ur sin sömn
et elle a fondu en larmes
och hon brast ut i gråt

« Ne suis-je pas très méchant ? »
"Är jag inte särskilt elak?"
« N'était-ce pas cruel de ma part d'agir si méchamment envers la bête ? »
"Var det inte grymt av mig att agera så ovänligt mot odjuret?"
"la bête a tout fait pour me faire plaisir"
"beast gjorde allt för att behaga mig"
« Est-ce sa faute s'il est si laid ? »
"Är det hans fel att han är så ful?"
« Est-ce sa faute s'il a si peu d'esprit ? »
"Är det hans fel att han har så lite vett?"
« Il est gentil et bon, et cela suffit »
"Han är snäll och bra, och det räcker"
« Pourquoi ai-je refusé de l'épouser ? »
"Varför vägrade jag att gifta mig med honom?"
« Je devrais être heureux avec le monstre »
"Jag borde vara nöjd med monstret"
« regarde les maris de mes sœurs »
"titta på mina systrars män"
« Ni l'esprit, ni la beauté ne les rendent bons »
"varken vittighet eller vacker varelse gör dem goda"
« aucun de leurs maris ne les rend heureuses »
"ingen av deras män gör dem lyckliga"
« mais la vertu, la douceur de caractère et la patience »
"men dygd, humörs sötma och tålamod"
"ces choses rendent une femme heureuse"
"dessa saker gör en kvinna lycklig"
"et la bête a toutes ces qualités précieuses"
"och odjuret har alla dessa värdefulla egenskaper"
"c'est vrai, je ne ressens pas de tendresse et d'affection pour lui"
"det är sant; jag känner inte ömheten av tillgivenhet för honom"
"mais je trouve que j'éprouve la plus grande gratitude envers lui"
"men jag tycker att jag har den största tacksamheten för

honom"
"et j'ai la plus haute estime pour lui"
"och jag har den högsta aktning av honom"
"et il est mon meilleur ami"
"och han är min bästa vän"
« Je ne le rendrai pas malheureux »
"Jag kommer inte att göra honom olycklig"
« Si j'étais si ingrat, je ne me le pardonnerais jamais »
"Om jag skulle vara så otacksam skulle jag aldrig förlåta mig själv"
Belle a posé sa bague sur la table
skönhet satte sin ring på bordet
et elle est retournée au lit
och hon gick och la sig igen
à peine était-elle au lit qu'elle s'endormit
knappt var hon i sängen innan hon somnade
elle s'est réveillée à nouveau le lendemain matin
hon vaknade igen nästa morgon
et elle était ravie de se retrouver dans le palais de la bête
och hon var överlycklig över att befinna sig i vilddjurets palats
elle a mis une de ses plus belles robes pour lui faire plaisir
hon tog på sig en av sina snyggaste klänningar för att göra honom nöjd
et elle attendait patiemment le soir
och hon väntade tålmodigt på kvällen
enfin l' heure tant souhaitée est arrivée
kom den önskade timmen
L'horloge a sonné neuf heures, mais aucune bête n'est apparue
klockan slog nio, men inget odjur dök upp
La belle craignit alors d'avoir été la cause de sa mort
skönhet fruktade då att hon hade varit orsaken till hans död
elle a couru en pleurant dans tout le palais
hon sprang gråtande runt hela palatset
après l'avoir cherché partout, elle se souvint de son rêve
efter att ha sökt honom överallt kom hon ihåg sin dröm

et elle a couru vers le canal dans le jardin
och hon sprang till kanalen i trädgården
là elle a trouvé la pauvre bête étendue
där fann hon stackars best utsträckt
et elle était sûre de l'avoir tué
och hon var säker på att hon hade dödat honom
elle se jeta sur lui sans aucune crainte
hon kastade sig över honom utan någon rädsla
son cœur battait encore
hans hjärta slog fortfarande
elle est allée chercher de l'eau au canal
hon hämtade lite vatten från kanalen
et elle versa l'eau sur sa tête
och hon hällde vattnet över hans huvud
la bête ouvrit les yeux et parla à Belle
odjuret öppnade sina ögon och talade till skönheten
« Tu as oublié ta promesse »
"Du glömde ditt löfte"
« J'étais tellement navrée de t'avoir perdu »
"Jag var så hjärtbruten att ha förlorat dig"
« J'ai décidé de me laisser mourir de faim »
"Jag bestämde mig för att svälta mig själv"
"mais j'ai le bonheur de te revoir une fois de plus"
"men jag har lyckan att se dig en gång till"
"j'ai donc le plaisir de mourir satisfait"
"så jag har nöjet att dö nöjd"
« Non, chère bête », dit Belle, « tu ne dois pas mourir »
"Nej, kära best," sa skönheten, "du får inte dö"
« Vis pour être mon mari »
"Lev för att vara min man"
"à partir de maintenant je te donne ma main"
"från detta ögonblick ger jag dig min hand"
"et je jure de n'être que le tien"
"och jag svär att vara någon annan än din"
« Hélas ! Je pensais n'avoir que de l'amitié pour toi »
"Ack! Jag trodde att jag bara hade en vänskap för dig"

« **mais la douleur que je ressens maintenant m'en convainc** » ;
"men den sorg jag nu känner övertygar mig;
"**Je ne peux pas vivre sans toi**"
"Jag kan inte leva utan dig"
Belle avait à peine prononcé ces mots lorsqu'elle vit une lumière
skönhet hade knappt sagt dessa ord när hon såg ett ljus
le palais scintillait de lumière
palatset glittrade av ljus
des feux d'artifice ont illuminé le ciel
fyrverkerier lyste upp himlen
et l'air rempli de musique
och luften fylld av musik
tout annonçait un grand événement
allt gav besked om någon stor händelse
mais rien ne pouvait retenir son attention
men ingenting kunde hålla hennes uppmärksamhet
elle s'est tournée vers sa chère bête
hon vände sig till sitt kära odjur
la bête pour laquelle elle tremblait de peur
odjuret för vilket hon darrade av rädsla
mais sa surprise fut grande face à ce qu'elle vit !
men hennes förvåning var stor över vad hon såg!
la bête avait disparu
odjuret hade försvunnit
Au lieu de cela, elle a vu le plus beau prince
istället såg hon den vackraste prinsen
elle avait mis fin au sort
hon hade satt stopp för besvärjelsen
un sort sous lequel il ressemblait à une bête
en besvärjelse under vilken han liknade ett odjur
ce prince était digne de toute son attention
denna prins var värd all hennes uppmärksamhet
mais elle ne pouvait s'empêcher de demander où était la bête
men hon kunde inte låta bli att fråga var odjuret var

« Vous le voyez à vos pieds », dit le prince
"Du ser honom vid dina fötter", sa prinsen
« Une méchante fée m'avait condamné »
"En elak älva hade fördömt mig"
« Je devais rester dans cette forme jusqu'à ce qu'une belle princesse accepte de m'épouser »
"Jag skulle förbli i den formen tills en vacker prinsessa gick med på att gifta sig med mig"
"la fée a caché ma compréhension"
"fen gömde mitt förstånd"
« tu étais le seul assez généreux pour être charmé par la bonté de mon caractère »
"du var den enda generös nog att charmas av mitt humörs godhet"
Belle était agréablement surprise
skönhet blev glatt överraskad
et elle donna sa main au charmant prince
och hon gav den charmiga prinsen sin hand
ils sont allés ensemble au château
de gick tillsammans in i slottet
et Belle fut ravie de retrouver son père au château
och skönheten var överlycklig över att hitta sin far i slottet
et toute sa famille était là aussi
och hela hennes familj var där också
même la belle dame qui lui était apparue dans son rêve était là
även den vackra damen som dök upp i hennes dröm var där
"Belle", dit la dame du rêve
"skönhet", sa damen från drömmen
« viens et reçois ta récompense »
"kom och ta emot din belöning"
« Vous avez préféré la vertu à l'esprit ou à l'apparence »
"du har föredragit dygd framför kvickhet eller utseende"
"et tu mérites quelqu'un chez qui ces qualités sont réunies"
"och du förtjänar någon i vilken dessa egenskaper är förenade"
"tu vas être une grande reine"

"du kommer att bli en stor drottning"
« J'espère que le trône ne diminuera pas votre vertu »
"Jag hoppas att tronen inte kommer att minska din dygd"
puis la fée se tourna vers les deux sœurs
sedan vände sig älvan till de två systrarna
« J'ai vu à l'intérieur de vos cœurs »
"Jag har sett inuti era hjärtan"
"et je connais toute la méchanceté que contiennent vos cœurs"
"och jag vet all ondska som dina hjärtan innehåller"
« Vous deux deviendrez des statues »
"ni två kommer att bli statyer"
"mais vous garderez votre esprit"
"men du kommer att hålla dina sinnen"
« Tu te tiendras aux portes du palais de ta sœur »
"du ska stå vid portarna till din systers palats"
"Le bonheur de ta sœur sera ta punition"
"din systers lycka ska vara ditt straff"
« vous ne pourrez pas revenir à vos anciens états »
"du kommer inte att kunna återvända till dina tidigare stater"
« à moins que vous n'admettiez tous les deux vos fautes »
"om inte ni båda erkänner era fel"
"mais je prévois que vous resterez toujours des statues"
"men jag har förutsett att ni alltid kommer att förbli statyer"
« L'orgueil, la colère, la gourmandise et l'oisiveté sont parfois vaincus »
"stolthet, ilska, frosseri och sysslolöshet övervinns ibland"
" mais la conversion des esprits envieux et malveillants sont des miracles "
" men omvändelsen av avundsjuka och illvilliga sinnen är mirakel"
immédiatement la fée donna un coup de baguette
genast gav älvan ett slag med sin trollstav
et en un instant tous ceux qui étaient dans la salle furent transportés
och på ett ögonblick transporterades alla som fanns i hallen

ils étaient entrés dans les domaines du prince
de hade gått in i furstens herravälde
les sujets du prince l'ont reçu avec joie
prinsens undersåtar tog emot honom med glädje
le prêtre a épousé Belle et la bête
prästen gifte sig med skönheten och odjuret
et il a vécu avec elle de nombreuses années
och han bodde hos henne i många år
et leur bonheur était complet
och deras lycka var fullständig
parce que leur bonheur était fondé sur la vertu
därför att deras lycka grundades på dygd

                    La fin
                    Slutet

www.tranzlaty.com

www.ingramcontent.com/pod-product-compliance
Lightning Source LLC
Chambersburg PA
CBHW011556070526
44585CB00023B/2634